Mut zum Leben

Einfach leben

Einfache kleine
Geschichten
Texte
Gedanken
die Mut machen wollen

Band 1

Karin Hartel

die an einem mutigen Tag
einfach anfängt zu schreiben
und Texte von A bis Z
sucht und findet

Impressum:
Verlag: BoD • Books on Demand
GmbH, In de Tarpen 42, 22848
Norderstedt
Druck: Libri Plureos GmbH,
Friedensallee 273, 22763 Hamburg
ISBN: 978-3-7597-1980-5
2. Auflage Oktober 2024
Copyright an allen Texten und Bildern:
Kunst vom Hof
Hof Mescher, 49593 Bersenbrück
www.kunstvomhof.de
kaha.bsb@t-online.de

Dieses Buch ist auch als E-book erhältlich

Eine fast persönliche Botschaft

Mut machen
zum Lesen und Schreiben,
zum Hören und Sprechen,
zum Leben,
egal wie
wild und unübersehbar es ist
oder wie ermüdend langweilig.

Das Leben besteht nicht
nur aus Sonnenschein.
Besonders an den dunklen Tagen
spreche ich mir Mut zu,
auch Mut zur Ehrlichkeit.

Da ist der Freund,
der sich einfach nicht mehr meldet.
Ist er noch Freund,
war er je Freund?
Bin ich nicht eigentlich froh,
über die Sendepause?

Mutig beleuchte ich das Thema:

Abgeschrieben

Du hast mich abgeschrieben
aus deinem Inventar entfernt.

Du hast mich abgeschrieben
und in den Müll geworfen.

Du hast mich abgeschrieben?

Wirklich?

Dein Schweigen kann
ja tausend Gründe haben.

Vielleicht hast Du mich abgeschrieben,
wie einen Aufsatz und verinnerlicht.

Ich habe deine Briefe aufgehoben,
und schreib sie ab, ins Tagebuch hinein.

Abschreibung

Abschreibung statt Aufrechnung
rettet zwar nicht immer
eine problematische Freundschaft,
aber sie befreit von Altlasten.

Mut braucht es,
etwas zu beenden,
das vormals
so wertvoll
erschien.

Oft kann man
nur im Abstand sehen
was wirklich gut war.

Bewertung

Wer alles bewertet
nimmt sich die Freiheit.

Wer Menschen bewertet
nimmt sich die Freude.

Mut zur
bedingungslosen
Annahme.

Briefelein

Sich alles von der Seele schreiben
in einem kleinen Briefelein,
das kann unglaublich
glaubhaft
und befreiend sein.

Mut
zum Schreiben
-x-
Mut, Gedanken sichtbar
zu machen.

Chaoszangen

Zum Beseitigen vom Chaos
braucht es die richtigen Werkzeuge.
Zangen sind hier äußerst nützlich.

Mit der Spitzzange
lassen sich delikate Teile
gefühlvoll entfernen.

Mit dem Seitenschneider
kann man gefährliche
Auswüchse abknipsen.

Mit der Kombizange
ist es möglich
kräftig zupackend,
drehend zu arbeiten.

Die Beißzange packt,
was für die Kombizange zu fest ist.

Die Wasserpumenzange
lockert Verschraubtes.

Und außer den Zangen
gibt es noch viele andere Möglichkeiten.

Man muss nur beginnen.
Notfalls mit einer Pinzette.

Mut,
das eigene Chaos
zu betrachten
und noch mehr Mut,
es zu beseitigen.

Dankbarkeit

Dankbarkeit
ist ein Zeichen
von Menschlichkeit.

Mut braucht
es dazu
nur
wenig.

Die Ankündigung

Die Ankündigung
einer schlechten Nachricht
macht sie nicht besser.

Mut,
das richtige Wort
zum richtigen
Zeitpunkt
aussprechen
zu können.

Federleicht

Federleicht kann
das Leben sein,
wenn Ballast
abgeworfen wird,
wenn alles Unnötige
über Bord geht.

Federleicht kann
das Leben sein,
wenn die Suche
nach Weisheit
erfolgreich ist.

Mut zum
Überbordwerfen.

Freundschaft

Freundschaft sucht man
am besten mit Bedacht.

Mut,
ein Gefühl
Freundschaft
zu nennen.

Gejammer

Ich kann mein Gejammer
nicht mehr ertragen
im Angesicht der Not
auf dieser Welt.

Ich kann mein Gejammer
nur schwer verstehen
in der Relation
zu wirklichem Unglück.

Ich bin bereit
damit zu enden,
bereit das Glück zu sehen
das mir zur Verfügung steht.

Mutig
Neubeginn wagen,
auch im Denken.

Gemeinsames Ziel

Ein gemeinsames Ziel
ist ein Bindemittel
von unglaublicher
Haltbarkeit

Habe Mut
auch
hochtrabende
Ziele
zu
benennen.

Gnadenlos

Gnadenlos die Forderung
zur Aufmerksamkeit
jetzt, sofort, uneingeschränkt.

Gnadenlos der Leistungsdruck
zur Perfektion, zum besten Preis,
Gewinn zum obersten Ziel erklärt.

Gnadenlos globale Weltgeschäfte
mit Lebensmitteln, Waffen, Geld,
nicht achtend Menschenleben.

Mut, gnädig zu sein.
Mit andern
und sich selbst.

Halbwahr

Halbwahr ist
auch gelogen

Mut
zur
grenzenlosen
Ehrlichkeit,
zumindest
bei
sich
selbst.

Hilflos

Ich gebe alles
was ich habe
und doch
hungert die Welt.

Ich tue alles
was ich kann
und doch
ist es nie genug.

Ich liebe alles
was ist
und das ist gut.

Mutig
gebe ich
was ich kann,
manchmal
auch ohne
Verstand.

Hingabe

Wenn ich mich
Gott ganz hingebe,
Seinen Willen akzeptiere,
auch wenn ich nicht verstehe,
wie ER hier auf der Welt
Vieles laufen lässt,

wenn ich mich trotzdem
Gott ganz hingebe,
annehme was ist,
was kommt,
dann bin ich frei von Angst.

Dann kann ich meine
Lebensaufgabe erfüllen,
auch wenn ich sie mir
anders vorgestellt habe.

Wenn ich mich
Gottes Willen ganz hingebe,
kann ich glücklich sein,
von Moment zu Moment.

Mutig auch mal
irre gehen.

Irren

Irren ist menschlich,
Instinkt ist tierisch,
tierisch gut,
wenn er
nicht in die Irre führt.

Kreislauf

Den Kreislauf der Lüge
durchbrechen
aufbrechen
beenden

Mut
zur Ehrlichkeit
kann man
nicht
oft genug
haben.

Kugelmärchen

Es war einmal eine kleine,
blaue Kugel.
Ihr Herz war aus Glas,
wie ihr ganzer Kopf.
Vor Kälte war sie ganz blau.
Doch sie fühlte sich gut,
denn sie kannte es nicht anders.

Sie kullerte auf der bunten Welt
wohin es ihr gefiel,
ließ sich vom Wind anschieben,
nutzte natürliches Gefälle
für rasante Abfahrten.

Wollte sie auf einen Hügel,
benutze sie einen Menschen,
der auf Wanderschaft war.
Dem rollte sie vor die Füße
und zeigte sich von ihrer besten Seite,
damit der Mensch
sie in seine Tasche steckte.

Hatte der Mensch den nächsten
Hügel erklommen, pulsierte
die Kugel in seiner Tasche,
so sehr, dass er sie heraus nahm.
Dann glänzte sie besonders schön,
vor allem wenn der Mensch
sie in die Sonne hielt.

Diesem Moment nutze sie,
um ihm aus der Hand zu springen und
in der Richtung davon zu rollen,
in die sie wollte.

Einmal geschah es aber,
dass der Taximensch die Kugel
einfach nicht aus der Tasche nahm
und sie ärgerte sich so sehr,
bis sie schwarz wurde.

Erst zu Hause nahm der Mensch
die Kugel aus seiner Tasche und
wunderte sich über deren Farbe.
Er hätte beschwören können,
dass die Kugel blau war,
als er sie einsteckte.

Sein erster Impuls war, das Stück Glas in
die Mülltonne zu werfen.
Dort hätte sie wenigstens die
Möglichkeit gehabt, irgendwie
wieder in die Freiheit zu gelangen.

Aber der Mann entschied sich, das
Fundstück in seine Schatztruhe zu legen,
weil ihm die Erinnerung an die schöne
blaue Farbe reichte. Das satte Blau
hatte ihn an einen dunklen samtig
weichen Nachthimmel erinnert.
Und diese Erinnerung war ihm so viel
wert, dass er die seltsame Kugel
in die Kiste legte und den Schlüssel
sogar zweimal umdrehte.

Sie, die sich schwarz geärgert hatte,
beruhigte sich nur langsam.
Sie hatte ihre Lektion gelernt,
dass es nichts nützt,
wenn man sich zu viel ärgert.
Und langsam wurde sie
wieder herrlich blau.
XoX(-:)XoX

Liebevoll

Liebevoll der Kartengruß
der pünktlich kommt
zum Ehrentag

Liebevoll das Bild gewählt
und auch der Spruch
ist toll

Liebevoll Erinnerung
an gute lange Tage
und viel zu kurze Nächte

Mut,
an seinem
Geburtstag
aufs Alter
zu schauen.

Loslassen

Alle Verdächtigungen
alle Anklagen
alle Angst

Annehmen
alles was ist

Mut,
die Hand
zu öffnen,
welche
die Kette hält.

Menschlichkeit

Bedeutet dieses Wort
noch Gutes,
im Angesicht dessen
was Menschen tun?

Menschlichkeit
bedeutet verantwortlich,
mit Macht und Stärke
umzugehen.

Mutig
Verantwortung
übernehmen
und menschlich handeln.

Mittelpunkt

Was ist dein Mittelpunkt
der Erde?
Worum drehst du dich
unentwegt?

Bist du es selbst,
dann bist du einsam
und weinst alleine
um die Welt.

Mut haben sich selbst
auch mal an die Seite
zu begeben, um besser
beobachten zu können.

Möglichkeiten

Das Leben bietet
mehr Möglichkeiten
als man begreifen
und ergreifen kann.

Mut,
die gebotene
Möglichkeit
zu nutzen.

Mit Sack und Pack

Helene hat es geschafft. Sie hat ihren Vermieter dermaßen geärgert, dass er sie kurz vor Weihnachten vor die Tür gesetzt hat. Vollkommen unvernünftig, hat sie ihm unverblümt gesagt was sie von ihm denkt.

Hätte sie ihm das unter vier Augen gesagt, wäre es vermutlich nicht so schlimm gekommen. Aber sie hat den Hausbesitzer vor den fassungslosen Nachbarn blamiert. Das konnte er nicht auf sich sitzen lassen. Ja, sie war sogar auf ihn losgegangen und hat ihm eine schallende Ohrfeige verpasst.

Schon ein paar Stunden später steht Helene mit Sack und Pack vor der Türe. Obdachlos, ohne Geld und ohne jede Hilfe. Ihren uralten, schrottreifen VW Bus mit Motorschaden hat der Vermieten aus der Garage auf die Straße schieben lassen.

Dort hinein packt sie all ihre Habe.
Es ist nicht viel.

Nun sitzt sie einfach da. Stolz ist sie, dass sie endlich ehrlich gesagt hat, was sie schon lange dachte. Froh ist sie, dass sie es gewagt hat. Schade nur, dass sie dem unverschämten Ausbeuter nicht noch einen Kinnhaken verpasst hat.

Die Wut wärmt sie auf. Es dauert eine ganze Weile und fast eine Schachtel Zigaretten, bis ihr kalt wird. Die letzte Kippe schnippt sie in ihren ehemaligen Vorgarten, den sie so liebevoll gepflegt hatte. Noch einen letzten Blick wirft sie auf das Haus, in das sie all ihre eigenen Ersparnisse gesteckt hat, nachdem der Vermieter ihr sein Ehrenwort gegeben hatte, dass sie darin bis an ihr Lebensende wohnen könnte.

Schriftlich hat sie es nicht, denn das Schriftliche ist nicht ihre Welt.

Sie hasst Briefe, vor allem amtliche.
Nur Liebesbriefe und Bettelbriefe ließ sie
gelten. Jedem Bettelbriefschreiber hatte
sie etwas geschickt. Sie war zu gut für
die Welt und zu ehrlich.

Sie hatte sich nicht vorstellen können,
dass Betrüger schöne Briefe verfassen.
Es entzog sich vollständig ihrer Fantasie,
dass Menschen Bilder von kranken
Kindern für betrügerische Absichten
benutzen würden. Ja, sie hatte sich auch
in ihren kühnsten Träumen
nicht denken können, dass der
unsympathische Hausbesitzer,
sein Wort nicht halten würde.

Froh ist sie, dass sie ihre alte Mutter
noch nicht aus der Kurzzeitpflege geholt
hat. Die behindertengerechte Toilette ist
noch nicht fertig. Um diese Kosten war
es in dem Streit mit dem Vermieter
gegangen. Da Helene kein Geld mehr
hat, bat sie ihn, wenigstens das zu
übernehmen.

Helene ist keine Frau, die sich lange mit Dingen aufhält, die man nicht ändern kann. Also auf zu neuen Ufern.

Auf der Straße kann sie mit dem abgemeldeten Fahrzeug nicht stehen bleiben. Also nimmt sie den Gang raus, löst die Handbremse
und steigt aus.

Wunderbarerweise funktioniert die Warnblickanlage noch. So kann sie fast gefahrlos den Wagen schieben. Bis zur nächsten Kreuzung
geht das gut.

Jahrelang hatte sie die Berge vermisst. Nun ist sie froh auf dem platten Land zu leben, wo es kaum Steigungen oder Gefälle gibt. Das wäre gefährlich geworden.

Die Kreuzung zu meistern, ist schwierig, denn sie will rechts abbiegen. Wie aber schieben

und lenken?
Sie wird auf Hilfe warten müssen. Die
kommt auch bald, aber der alte Mann ist
so schmächtig, dass sie ihn nicht bitten
kann, den Wagen zu schieben. Aber er
setzt sich brav hinter das Steuer. Er freut
sich wie ein Kind, denn in seiner Jugend
ist dieser VW Bus gebaut worden.

Liebevoll streicht er übers Lenkrad und
freut sich an den mechanischen
Fensterhebern. Helene schiebt und ruft
ihm zu, wann er wohin lenken soll.
Wäre die einbrechende Dunkelheit nicht
gewesen, es hätte Spaß gemacht.
Der Schweiß läuft ihr in wahren Bächen
den Rücken hinunter. Doch bald ist der
Gnadenbrothof erreicht,
in dem herrenlose Tiere ein neues
Zuhause finden. Dort wird sie bestimmt
für eine Weile ihren Bulli,
der jetzt ihr Zuhause ist,
stehen lassen dürfen.

Helene wischt sich den Schweiß von der Stirn und will sich bei dem alten Herrn bedanken. Sie öffnet die Fahrertüre. Der Schmächtige macht keinerlei Anstalten auszusteigen.

„Gemütlich ist es hier drin."

„Ja, aber kalt."

„Besser als unter der Brücke zu schlafen."

Helene schaute ihn entgeistert an: „Sie haben auch kein Zuhause?"

„Nie gehabt."

Sie lässt ihn auf dem Fahrersitz, wo er sich so wohl fühlt, schließt die Türe, umrundet das Fahrzeug um sich auf den Beifahrersitz zu setzen, nachdem sie die einfach Teelichtheizung angezündet hat. Eigentlich nicht für geschlossene Räume gedacht, aber im Moment ist es die einzige Möglichkeit etwas Wärme in

den Bulli zu bekommen.
Das Seitenfenster muss ein wenig offen bleiben, um die Frischluftzufuhr zu gewährleisten. Trotzdem verbreiten die acht Teelichter bald
fühlbare Wärme.

Wenn zwei Menschen im Innenraum sind, wird sich dieser vermutlich noch schneller erwärmen.
Sie sucht und findet ihre beiden Schlafsäcke. Der alte etwas muffig und schwer, der andere luftig leicht, aber für arktische Temperaturen geeignet. Sie breitet beide auf der Liegefläche aus und lädt den Unbekannten zu einer windgeschützten Übernachtung ein.

„Und sie hatten wirklich nie ein Zuhause?"

„Doch schon. Ja ich hatte mal ein Haus, eine Frau und sogar einen Beruf."

„Was waren sie denn?“

„Du wirst es nicht glauben, ich war mal
Anwalt und sogar ein richtig guter. Aber
der Alkohol…“

Helene, die sich keinen Anwalt
leisten kann, hat nun eine
Fachkraft in nächster Nähe.
Und das ohne jedes Suchen.

Zögernd fragt sie ihn, ob er ihr bei ein
paar wichtige Brief helfen könnte
und erklärt ihm ausführlich
um was es geht.

Kein praktizierender Anwalt könnte sie
so gut verstehen, wie dieser Mensch,
der nun all seine schlummernden
Talente auspackt und die richtigen
Formulierungen findet.

Helene schreibt mit Hand auf, was ihr
der Übernachtungsgast diktiert.

Morgens verschickt sie die Briefe per
Einschreiben. Einen an den Vermieter,
einen an den Mieterschutzbund, einen
an die Stelle beim Amtsgericht,
bei der jeder Bürger unentgeltlich
Hilfe bekommen kann.

Helene nimmt den Bus und fährt zum
Altenheim um zu klären, dass sie im
Moment keine Wohnung hat und ihre
Mutter nicht abholen kann.

Sie hat Glück, weil zur Weihnachtszeit
weniger Menschen die Kurzzeitpflege in
Anspruch nehmen. Vorerst ist ihre
Mutter in Sicherheit.

Nachdem der Vermieter den Brief
gelesen hat, bekommt es mit der Angst
zu tun und bietet ihr an, dass sie
entweder zurück in die Wohnung kann
oder er ihr alles vergütet,
was sie in den Umbau der
Wohnung gesteckt hat.

Sie nimmt das Geld und renoviert einen Schuppen auf dem Gelände des Gnadenbrothofes, dessen Besitzer sich herzlich über die neuen Mitbewohner freuen.
Natürlich wird auch für den alten Anwalt Platz gemacht.
Zukünftig ist er nicht mehr obdachlos und ohne Beschäftigung. Er wird Anwalt für Menschen und Tiere, die sich eigentlich keinen leisten können.

Ein Happy End, wie es das echte Leben manchmal schreibt.

Mutig seine Meinung sagen.
Gar nicht so lange warten.

Neues Leben

Neues Leben
Neuer Mensch
Neues Glück

Altes Leben
Alter Mensch
Gelebtes Glück

Mut zum Leben,
Mut zum Glück.

Liebe wird aus Mut gemacht

Das singt Nena
in ihrem
sagenhaften Lied:

*„Irgendwie,
irgendwo,
irgendwann"*

gehört bei NDR 1
am 22.4.24
beim Frühstück

Neues Lernen

Wer immer wieder
Neues lernt,
wer Neues
lieben lernt,
wie Altes,
ihm Wohlbekanntes,
der bleibt
im Herzen jung
genießt die
Altersweisheit.

Mut,
weise zu
werden.

Opferschale

Ich bade mich in der Opferschale
tauche mich ganz tief hinein
als Opfer muss das
wohl so sein.

Ich stehe auf und mach mich groß
und schüttle ab die Hilflosigkeit
damit ich es lerne
das Leben ohne Opfersein.

Mut, nicht mehr
Opfer zu sein,
ohne zum
Täter zu werden.

Passendes

Etwas Passendes
findet sich nur,
wenn man
sich über
das eigene Selbst
klar ist.

Mut,
sein eigenes Ich
zu überdenken.

Quaken

Wer nichts zu sagen hat,
der darf ruhig quaken.
Auch wenn er nicht
aus Quakenbrück
kommt.

Mut haben,
auch einfach
mal Blödsinn
zu schreiben.

Das Städtchen Quakenbrück,
im schönen Artland, ist eine Reise wert.

Rückenwind

Rückenwind
erreicht dich nicht,
wenn du mit dem Rücken
zur Wand stehst.

Mach einen Schritt
aus der Deckung,
zaghaft vielleicht,

wage den zweiten Schritt,
mit Hilfe guter Geister,

gehe den dritten Schritt,
in Demut vor dem Wind,

der dir so richtig
den Rücken stärken wird.

Mutig auch
in windigen Zeiten.

Schneckentempo

Die Schnecke
als Vorbild
Fragezeichen

Ausrufezeichen
Ja, die Schnecke als Vorbild
Ihre Langsamkeit
Ihre Beständigkeit

Ihre Bodenhaftung
wünsche ich mir
immer dann …

… wenn mich die
eigene Geschwindigkeit
aus der Kurve wirft

… wenn mich der Ballast
auf meinem Rücken
zum Umkippen bringt

Mut zur Langsamkeit

So kurz der Tag

So kurz der Tag,
so lang die Nacht.
So kurz das Leben,
so lang das unbekannte Nichts.

So kurz der Ärger,
wenn man
über ihn lachen kann.

So lang das Glück,
wenn man Unglück
als Chance sieht.

Mutig
die Chance
nutzen.

Sorglos

Sorglos ist kein Leichtsinn,
weil viel Sinn
in dieser Leichtigkeit ist.

Mut
zur
Leichtigkeit

Sortierung

Das Leben kann so
leicht sein,
wenn man seine
Sorgen sortiert.

Mutig sortieren.

Schuld

Du bist schuld,
wenn ich jetzt in den Wald gehe,
wenn auch meine Schuhe,
mit Schlamm dekoriert werden.

Du bist schuld,
wenn meine Kamera Bilder sucht,
die Deinen nahe kommen,
die ebenso leuchten.

Du bist schuld,
wenn ich glücklich bin,
im Wald meiner Kindheit,
den ich eigentlich
gar nicht besuchen wollte.

Mut, spontan zu sein.

Karin Hartel
Sonntag, der 29.10.23 in Haßloch als
Reaktion auf den gerade gelesenen
Beitrag im Landlebeblog

Schwimmen

Wem das Wasser
bis zum Hals steht,

der sollte anfangen
Schwimmbewegungen
zu machen,

auch wenn er meint
nicht schwimmen
zu können.

Mut etwas zu tun,
von dem man denkt,
dass man es
nicht könnte.

Stellung beziehen

Stellung beziehen
Das ist wohl momentan
wichtiger denn je.

Ich bin mit den Friedfertigen,
die bereit sind zu lieben,
was ihnen begegnet.

Ich bin für das Leben,
in seiner echten und reinen Form.

Ich bin für das Beten,
nicht nur für unsere Politiker.

Ich bin für meine Freunde,
auch wenn ich zu wenig
Zeit für sie habe und
wir uns lange nicht sehen.

Ich bin für das Schöne
und auf der Suche danach.

Ich bin für das Heute,
den kleinen Moment,
in dem ich entscheiden kann,
was ich aus ihm mache.

Mut braucht es
um Stellung
zu beziehen,
während
der Kugelhagel
niedergeht.

Mikrowelle?
Nein Danke!

1976

Mein Vater schleppte eine schwere Kiste in unsere Küche, in der schon alles viel zu voll war. Doch er machte Platz und zwang uns, meiner Mutter und mir, ein neuartiges Kochgerät auf. Ich mochte das Ding nicht. Das Brummen wirkte bedrohlich. Die superschnell erwärmte Milch war heißer, als alles was mir je den Mund verbrannt hatte und das Piepsen der abgelaufenen Zeituhr ging mir unter die Haut, beziehungsweise tief in die Ohrmuscheln.

Außer Papa war die Katze der erst Mikrowellenfan in unserem Haushalt. Doch man gewöhnte sich bald an die einfache, schnelle, appetitliche Erwärmung von normal gekochten Speisen.

„Nun kocht doch mal richtig
damit." forderte mein Vater uns auf.
Daraufhin griff meine Mutter zum
Mikrowellenkochbuch und zauberte
einen wunderbaren Blumenkohl,
der alle begeisterte. Alle außer mir,
denn ich hasse gekochten Kohl in jeder
Weise. Vor allem der Geruch bringt mich
– noch heute – an die Grenze des
Erbrechens.

Erstaunt stellte ich fest, dass es in der
Küche kaum nach Blumenkohl roch,
wenn er in der schnellen Welle
zubereitet wurde. Das besänftigte mich
ein wenig. Nun hatten wir ja zufällig ein
Elektrofachgeschäft.

Mein Vater verkaufte stets nur Produkte,
von denen er überzeugt war.
Waschmaschinen der Marke Zanker,
Kühlschränke von Liebherr, Staubsauger
von Progress. Nun also kamen die Sharp
Mikrowellenherde dazu.

1977
Weil das Kochen damals noch
Frauensache war, schickte er mich auf
die Verkaufsveranstaltungen der Firma
Sharp. Die Leute verstanden ihr
Handwerk. Begeistert kehrte ich heim.
Man hatte uns viele Tricks beigebracht
mit denen auch völlig ungeübte
Personen perfekt kochen können.
Ich glaube, der Herr hieß Schreyter, der
uns überzeugte, dass er, als Koch
vollkommen unbegabt sei. Trotzdem
bekochte er die Fachverkäufer/innen
auf wunderbar witzige Art.
Wohlgemerkt, mit vier Geräten der
schnellen Welle (2450 MHz) gleichzeitig.

Sein Chef besuchte bald darauf meinen
Vater und rechnete ihm vor, was man
verdienen könne, wenn man sich für
die Sache – die Mikrowellenherde –
begeistern würde.

1978
Die lockeren Kochvorführungen und
die kaufmännisch positive Rechnung,
überzeugten mich.
Ich war mikrowelleninfiziert.

1982
So begann für mich eine stressige
und wunderbare Zeit.
80 % Energie einsparen und eine 100%ige
Gelinggarantie machten mir und den
Teilnehmern meiner Kochvorführungen
richtig Spaß. Wir hatten den Laden voll,
wann immer ich einlud und sogar
auswärts durfte ich vorführen. Mehrfach
füllte ich Säle voller neugieriger Frauen.
Wenige Männer waren dabei.

1983
Ich verkaufte Geräte wie am Fließband
und war dabei der festen Überzeugung,
damit Gutes zu tun. Wenn ich nach der

Schädlichkeit von
Mikrowellen gefragt wurde, gab ich
wortreich meine Überzeugung weiter,
dass es keinerlei negative Auswirkungen
auf die Nahrungsmittel oder die Nutzer
geben könne. Gerade weil ich als junge
Elektrikerin nicht nur die kochtechnische
Seite der neuen Technik erklären konnte,
glaubte man mir. Und vor allem glaubte
ich mir selbst.
Und es gab wirklich nicht eine
wissenschaftliche Untersuchung,
die Negatives hervor gebracht hätte.

1984
Ich arbeitete in den Vorführungen mit
bis zu acht Geräten parallel. Perfekt
gegarter Blumenkohl gehörte zum
Standard, obwohl ich ihn nie probieren
konnte. Er kam immer gut an. Der
perfekte Eierstich, die knusprige
Schweinshaxe, das duftende
Grillhähnchen, all das konnte ich
aus der reinen Mikrowelle zaubern.

Die Kombigeräte zum Grillen und Backen brauchte ich gar nicht. Doch es gab sie und sie verkauften sich noch leichter als der ursprüngliche einfache Apparat.

1985
Eine gescheiter Ehe und der vollkommene Zusammenbruch meiner Gesundheit, machten meinem ausgefüllten Berufsleben ein jähes Ende.

1986
Langsam erholte ich mich. Machte eine zweite Ausbildung in Baden Württemberg. Die Firma Sharp setzte mich ein, wenn einer ihrer Vorführleute ausfiel. Das machte Spaß.

1987
Ich arbeitete konzentriert an meinem Ausbildungsplatz, als das Telefon läutete. Morgens 10 Uhr. Man würde mich dringend brauchen, weil eine Vorführdame ausgefallen sei und man

die Kunden aber so kurzfristig nicht
ausladen könne. Mein Chef gab mir für
den Nebenjob frei. Abends um 19 Uhr
stand ich in Trier. Ein unübersichtliches
Küchenstudio, Mikrowellenherde von
Sharp waren in der Minderheit, mir fast
unbekannt Geräte anderer Hersteller
waren einsatzbereit und volles Haus.
Irgendwie schaffte ich es trotzdem eine
gute Show abzuliefern. Die Kunden
waren begeistert und kauften.

1988
Zurück in Haßloch übernahm ich die
elterliche Firma als Geschäftsführerin.
Meine Eltern wanderten aus nach
Schweden, weil die Atembeschwerden
meines Vaters an der Ostsee wie
weggeblasen waren.

Einer der ersten Gegenstände, den
meine Eltern in den Umzugswagen
luden, war ihr Mikrowellenherd.

1990
Oldenburg
bfe Meisterschule für Elektrotechnik
Natürlich schleppte auch ich eine
Mikrowelle in die kleine Küche der
Wohngemeinschaft, die ich in
Oldenburg, An der Bullwisch,
gefunden hatte.
Eine Küche ohne Mikrowellenherd war
für mich gar nicht denkbar. Eher hätte
ich noch auf den Geschirrspüler
verzichtet.

1991
Der Meisterbrief, mein Meisterbrief im
Beruf des Elektroinstallateurs, hing an
der Wand.

1995
Die Mikrowellenherde im Verkaufsraum
standen in Reih und Glied. Nicht nur
Sharp, sondern nun auch Bosch, Miele
und der unumgängliche Siemens
Allrounder.

1999
Mein Vater verstarb mit 66 Jahren, viel zu früh, in seinem geliebten Schweden. An seinem Lieblingsplatz begruben wir ihn. (Heute 2017, während ich diese Mikrowellengeschichte aufschreibe, füllen immer noch Tränen meine Augen, weil Papa einer der wundervollsten Menschen in meinem Leben war. Ob die Mikrowellen sein Leben verkürzten, weiß ich nicht.)

2001
Wieder Zusammenbruch . Ein außergewöhnliches Krankheitsbild trieb mich von einer Klinik in die nächste, von einem Facharzt zum anderen. Bis die Diagnose MCS „ Multiple Chemical Sensitivity" feststand, hatte ich viel über Schadstoffe in unserer Umwelt lernen müssen.

Heilung schien unmöglich.
Schweren Herzens übergab ich meine
geliebte Firma mit meinen
hochgeschätzten, wertvollen Kunden an
den besten meiner Mitarbeiter,
der langfristig gesehen, die Firma leider
nicht in meinem Sinne weiter führte.

2002
Ich lebte fast vollkommen isoliert im
Dachgeschoss eines uralten
Bauernhauses. Mein Lebensgefährte
pflegte mich liebevoll und machte uns
immer wieder Hoffnung. In der Küche
stand der kleine, weiße, einfache Sharp
Mikrowellenherd, in dem auch meine
wenigen Speisen, die ich noch vertrug
aufgewärmt wurden.

2005

Bewaffnet mit einem Einkaufskorb voller
Medikamente, im Rucksack die
lebenswichtige Sauerstoffflasche,
im Gesicht die unvermeidliche
Atemschutzmaske, kam ich zum ersten
Termin bei einer Heilpraktiker in Ankum.
Frau K., half mir in unglaublicher Weise.
Mein Körper begann wieder Schadstoffe
selbstständig auszuleiten.

2006

Ich las so ziemlich alles über gesunde
Ernährung, was ich in die Hand bekam.
Unter anderem war die Mikrowelle in
Verdacht, die Lebensmittel negativ zu
verändern. Es gab aber immer noch
keine wissenschaftlich fundierten
Erkenntnisse dafür. Trotzdem landete
unser Gerät in der Waschküche.
Benutzte ich das Gerät, hielt ich es in
seiner Nähe nicht aus. Herzrasen und
ein schmerzhaftes Pochen im Gesicht
waren die Folge.

2007
Ich verschenkte das Gerät an einen
Bekannten. Doch das ist eine ganz
andere Geschichte, die meinen
Stammlesern in einem anderen meiner
Bücher begegnen wird, wenn es um
Männer geht. Ein Umweltarzt
diagnostizierte meine Sensibilität auf
elektrische und magnetische Felder.

2009
Die Elektrosensibilität bestimmt
meinen Alltag.

2010
Zunehmend plagt mich das schlechte
Gewissen, meinen ehemaligen
Kunden gegenüber.
Ich versprach damals, dass ich,
wenn jemals festgestellt würde, dass
Mikrowellenherde gesundheitsschädlich
seinen, ich das meinen Kunden ebenso
laut verkünden würde, wie ich sie mit
meiner Begeisterung für das schnelle
Kochen angesteckt hatte.

2011
Es gibt immer noch keine
wissenschaftliche Abhandlung,
ob Mikrowellenherde die Nutzer
und/oder die Lebensmittel schädigen.

2012
Handys und andere funkende Geräte
in meiner Nähe verursachen
langanhaltende Schmerzen und
Lähmungserscheinungen. Wieder laufe
ich von Arzt zu Arzt. Sammle Gutes,
suche Mutmachendes.
Wieder ist es mein Lebensgefährte,
der mir das Leben erträglich macht,
indem er möglichst alles von mir fern
hält, was mir Schmerzen bereitet.

2014
Aus Lebensgefährten wird ein Ehepaar.
Wir haben uns am 1.4.2014 getraut,
beziehungsweise trauen lassen.
Es gab Freunde, die keine Glückwunsch-
karte geschrieben haben, weil sie die

Ankündigung für einen meiner
berüchtigten Aprilscherze hielten.
 Mehrfach in der Vergangenheit hatte
ich am 1.April gute Freundinnen
angerufen und von einer
überraschenden Schwangerschaft
geschwärmt. (Vier Kinder waren einer
der Träume, die sich für mich nicht
verwirklichten.)

Schwanger bin ich nie gewesen.
Ob auch das mit dem Übermaß an
Mikrowellen zusammenhängt,
denen ich mich aussetzte,
weiß niemand.

2017
Ich schreibe diesen seltsamen
Mikrowellenlebenslauf endlich mal auf.

2024
Es braucht Mut für eine
Veröffentlichung.
Es braucht Mut zur Ehrlichkeit.

Traumberuf

Wenn Dein Beruf
Dir Albträume verursacht
kann es nicht Dein
Traumberuf sein.

Mut, den Job
an den Nagel
zu hängen,
um glücklich
zu werden.

Verwandtschaft

Verwandtschaft sucht
man sich nicht aus,
man hat sie
einfach.

Was man draus macht,
das ist entscheidend.

Im besten Fall
wird Freundschaft
daraus.

Mut,
Vorurteile
über Bord
zu werfen.

Vieles

Viel Vergessenes
häuft sich an
in Schränken
dunklen Ecken
und im Gehirn.

Viel Vergessenes
kann einfach weg
in den Müll
und in das Feuer.

Doch manchmal
findet man auch
einen Schatz.

Mut, **allen** Schrott
zu sichten.

Warten

Beim Warten
verrinnt die Zeit
so langsam,
dass man das Gefühl hat,
sie würde still stehen.

Mut

zum

Stillstehen.

Wegdenken

Ich denk mich weg
aus der vermeintlichen Realität

Ich denk mich weg
von allen angeblichen Sorgen

Ich denk mich hin
zum Guten, Schönen,
Wunderbaren

Mut
zum Denken.

Warten zur Weihnachtszeit

Edda schaut zum Fenster hinaus.
Sie wartet, weiß aber nicht auf wen.
Doch ihr Gefühl sagt ihr, dass heute
jemand kommen wird.

Den Sessel hat sie so hingestellt,
dass sie zum Fenster hinausschauen
kann. Doch draußen ist es fast dunkel.
Das Kerzenlicht spiegelt sich
in der Fensterscheibe.

Doris hat gegen Eddas Willen das
Zimmer weihnachtlich dekoriert.
Tannenduft erfüllt den Raum und das
Licht der vier dicken, roten Kerzen
verbreitet eine heimelige Atmosphäre.

Die Unruhe passt so gar nicht zu Edda
und auch nicht in ihr Zimmer,
in dem sie sich normalerweise
wohl und geborgen fühlt.

Als ob das Kommende ihre Existenz
bedrohen würde. Böse Vorahnungen
können Bilder erzeugen, die einem
Angst machen. Edda will sich dieser
Angst nicht beugen.
Was kann ihr schon geschehen?

Sie hat Unglaubliches durchlebt
in den über achtzig Jahren,
die sie auf dem Buckel hat.
Vieles hat sie aufgeschrieben.
Vor allem die Geschichte ihres
Hauses, das im Umkreis einfach
„Die Fassade" genannt wird.

Nun ja, die Fassade war lange Zeit das
Schönste an dem Anwesen. Inzwischen
hat die weitläufige Gartenlandschaft mit
den vielen eigenwilligen Kunstwerken
der Fassade den Rang abgelaufen.
Oder sollte man besser sagen
aufgesaugt?

Garten und Haus sind eine Einheit
geworden. Seit die unschöne
Rückseite fast vollständig hinter dem
Senkrechtgarten verschwindet,
schaut Edda auch diesen Teil
ihres Besitzes gerne an.

Also warum diese Angst.
Sie ist doch in Sicherheit?
Sie hat alles vorbereitet, damit sie
in ihrem Zuhause bleiben kann,
bis der letzte Atemzug getan ist.

Keiner kann sie hier wegholen.
Dafür hat sie gesorgt.
Und trotzdem diese unglaubliche,
unerklärliche Panik.

Als das schwarze, bullig wirkende Auto
mit den zu dick erscheinenden Reifen
von der Landstraße in die Auffahrt
einbiegt, ist es
wie eine Erlösung.

Bald wird sie wissen, ob ihre
Vorahnung Hand und Fuß hat.

Ein altmodisch gekleideter Mann steigt
aus dem Wagen, geht zur Haustüre und
klingelt. Das wäre gar nicht nötig
gewesen, denn die aufmerksamen
Hunde haben ihn schon angemeldet.
Und so dauert es nicht lange, bis Doris
bei ihr klopft und sie fragt, ob sie den
Besucher zu Edda bringen soll
oder ob Edda in die warme Küche
kommen möchte.

„Ach, bring den Mann zu mir.“

Es dauert keine fünf Minuten bis es
wieder klopft. Energisch und hart
klingt der Doppellaut.

„Herein!“ Edda gibt ihrer Stimme den
festesten Klang, der ihr möglich ist.

„Guten Tag Edda!" Die Stimme klingt
tief und angenehm, ganz anders
als das Klopfen. Graue Augen
sehen sie schelmisch an.

„Ottmar!" Edda ist zu verblüfft, um
sich von ihrem Sessel zu erheben.

„Na, willst du mich denn
gar nicht begrüßen?"

„Nein, eigentlich nicht."

„Freust du dich nicht mal
ein kleines bisschen?"

„Ganz ehrlich? Nein!" Man hört die
Satzzeichen regelrecht, mit denen
Edda diese drei Worte betont.

„Na ja, ich hätte auch darauf verzichten
können, aber Anna besteht darauf,
dass ich dich hole."

„Wenn Anna was von mir will,
müsste sie schon zu mir kommen.
Aber eigentlich wäre es mir lieber
wenn sie wegbleibt.“

„Keine Angst, Anna wird nicht kommen.
Sie ist sein zwei Wochen im Hospiz und
ich versuche ihre letzten Wünsche zu
erfüllen. Warum sie ausgerechnet **dich**
sehen will, ist mir unbegreiflich.“

„So, sie lebt also noch.“

„Das scheint Dir ja Leid zu tun.“

„Eigentlich sollte es mir egal sein.“

„Du hast ihr diesen seltsamen Brief
geschrieben.“

„Das ist Jahre her.“

„Sieben Jahre ganz genau.
Und sie hat den Brief bestimmt
hundert mal gelesen.“

„Dann weißt Du ja Bescheid."

„Nein, ich weiß gar nichts. Sie hat
mir den Brief nie gegeben."

„Wenn sie meinen Brief gelesen hat,
dann hätte sie ihn ja beantworten
können. Wieso soll ich sie besuchen."

„Als sie Dir antworten wollte, war sie
schon zu schwach zum Schreiben.
Sie will mit Dir reden."

„Ich werde es mir überlegen."

„Dafür bleibt keine Zeit, es kann
jederzeit mit ihr zu Ende gehen."

„Na, dann werden sich
die Erben aber freuen."

„Es gibt keine Erben mehr."

Nun ist Eddas Neugier geweckt, denn

diese Erben waren der Grund für das
Zerwürfnis mit ihrer Schwester.

„Sind sie gestorben?“

„Nein, ausgewandert.“

„Hatten sie von Anna die Nase voll?“

„So kann man es nicht sagen,
denn sie wollten, dass Anna
mitkommt nach Neuseeland.“

Edda lacht hart: „Das wollten
sie doch wohl nicht wirklich?“

„Anna hat sich sehr verändert.
Du anscheinend nicht.
Du bist immer noch so hart,
wie ich Dich in Erinnerung habe.“

„Ich musste hart sein,
um zu überleben.“

„Dafür kannst Du uns nicht
die Schuld geben."

„Dir nicht, aber Anna sehr wohl. Sie hat
mich alleine gelassen, als ich sie am
dringendsten gebraucht hätte."
„Mensch Edda, das ist Jahrzehnte her.
Man muss doch auch verzeihen
können."

Edda schweigt lange.
Ottmar setzt sich ihr gegenüber.
Betrachtet sie, ebenfalls schweigend,
als ob er ihre Gedanken nicht
unterbrechen will.

„Komm mit und lass uns
Frieden machen."

„Sie wird mich beschimpfen und den
ganzen alten Kram auftischen. Sie will
klar Schiff machen, damit sie in Ruhe
gehen kann und ich bleibe dann mit der
ganzen Ungerechtigkeit zurück."

„Ich glaube kaum, dass Anna noch die
Kraft hat, um alten Kram zu besprechen
und zu streiten.“

Doris kommt leise ins Zimmer, stellt eine
Kanne mit Tee und zwei Tassen auf den
Tisch. Fragend schaut sie Edda an:
„Alles klar?“

„Nein liebe Doris, nichts ist klar. Danke
für den Tee. Bringst Du mir bitte meinen
Mantel und die warmen Stiefel?“

„Du willst bei dem Wetter vor die Tür?“

„Ja, ich werde mit diesem Herrn,
meinem ungeliebten Schwager
einen Ausflug unternehmen.“

„Packen sie ihr bitte auch das Nötigste
ein, falls wir den Rückweg heute nicht
mehr schaffen.“

„Wohin geht denn der Ausflug?" fragt Doris in Eddas Richtung, doch der grauhaarige Mann antwortet statt dessen: „Wir fahren nach Hamburg ins Hospiz zu Eddas Schwester."

Jetzt wird Doris blass, denn sie weiß gar nicht, dass Edda noch eine zweite Schwester hat. Von der einen, von der sie weiß, weiß sie genug, dass sie Edda den Ausflug verbieten würde.

„Von Anna habe ich Dir noch nie erzählt und wie ich sehe, hatte auch sonst niemand das Bedürfnis
dir von ihr zu erzählen."

„Ich komme mit!", das sagt Doris so bestimmt, dass es keine Widerrede gibt.

Und so fahren drei Menschen in einem ungemütlichen Auto in einen noch ungemütlicheren, dunklen Winterabend.

Im Hospiz gibt es für Edda eine echte
Überraschung, denn ihre Schwester
Anna will sich nicht nur entschuldigen,
sondern sie schenkt ihrer Schwester das
Vermögen um das sie diese
vor Jahren betrogen hat.

Mit dem Geld, kann Edda sich einen
Traum erfüllen, der ihren letzten
Lebensabschnitt perfekt machen wird:
Ein kleines, feines Hospiz auf ihrem
eigenen Grund und Boden.

Aus dem Roman „Die Fassade",
der 2023 immer noch im Werden ist.

Mut braucht es
einen Roman
zu schreiben,
ihn immer wieder
umzuschreiben,
bis alles passt.

Werbepausengebet

Herr Jesus,
ich habe gerade mal Zeit für Dich,
die Werbepause will ich nutzen.

Herr Jesus,
hörst Du mich,
erhörst Du mich in Deinem Office?

Herr Jesus,
ich melde mich später noch einmal,
der Film, er fängt jetzt wieder an.

Mut, Gebete zu sprechen,
egal, wie verrückt
sie sich anhören.

X, Y & Z

Mut
auch mal was
weg zu lassen.

Zielscheibe

Zielscheibe sein
ist keine Position
für jemanden
der frei und glücklich
leben will.

Zu schnell

Wer zu schnell
ans Ziel will,
verfehlt es
unter Umständen
vollkommen.

Viele Bilder zu den Texten auf der homepage www.kunstvomhof.de

Fragen und Rückmeldungen per Email kaha.bsb@t-online.de

Bisher bei BoD erschienen

Wahllose Lyrik Band 1
ISBN 9 783 753 406 428

Wahllose Lyrik Band 2
ISBN 9 783 755 749 738

Wahllose Lyrik Band 3
ISBN 9 783 756 828 784

Wahllose Lyrik Band 4
ISBN 9 783 757 888 022

Wahllose Lyrik Band 5
ISBN 9 783 758 328 596

Wahllose Lyrik Band 6
Sie kann auch böse sein
ISBN 9 783 758 315 060

In Arbeit
Mut zum Leben, Band 2
Garten-Gieß-Buch
Dangast, Lust auf Meer
und natürlich der Roman

Wenn man einen Fehler
mit einem anderen
Fehler multipliziert,
ist das Ergebnis
nicht immer positiv.

So ein kleines Büchlein
zu schreiben, ist eine Sache,
es in druckreife Form zu
bekommen, eine ganz andere.

Da braucht es Übung
und Geduld und den
festen Willen
Neues lernen zu wollen.

Ich will Neues lernen,
auch von Dir,
Du aufmerksamer Leser,
der Du bis zur letzten
Zeile gelesen hast.

Danke!